INHALT

W0089214

> *Ich will überhaupt lauter Unmögliches,*
> *aber lieber will ich das wollen,*
> *als mich im Möglichen schön zurechtzulegen.*

FRANZISKA ZU REVENTLOW

Schloss vor Husum 2007

Das Schloss vor Husum macht neugierig auf die Geschichte seiner Bewohner. Franziska zu Reventlow hat hier ihre entscheidenden Kindheits- und Jugendjahre verbracht und sich – trotz beschwerter Kindheit – immer wieder hierher gesehnt.

Das vor Ihnen liegende Bändchen soll Ihnen helfen, sich in kurzer Zeit eine Übersicht über das spannungsreiche Leben der Künstlerin Franziska zu Reventlow zu verschaffen – vielleicht als Ausgangspunkt für ein weiteres Vertiefen in ihr Leben und Werk. Dazu verhilft eine Auswahl bibliografischer Hinweise im Anhang.

Die Biografie von Brigitta Kubitschek gliedert das kurze Leben der Franziska zu Reventlow in folgende Abschnitte, denen ich hier folge:

I.   Kindheit und Jugend 1871 – 1892
II. Absage an Tradition, Aufbruch und ein Leben in
     Freiheit 1892 – 1910
     1. Münchener Phase, „Jahre der Suche" 1893 – 1897
     2. Münchener Phase, „Jahre der Reife" 1897 – 1910
III. Die literarische Periode 1910 – 1918

Am 18. Mai 1871 wird Fanny Liane Wilhelmine Sophie Adrienne Auguste Comtesse zu Reventlow als Tochter von Ludwig Christian Detlev Friedrich Graf zu Reventlow, dem Königlich-Preußischen Landrat, und Emilie Julia Anna Luise zu Reventlow, geb. Reichsgräfin zu Rantzau, im Husumer Schloss geboren.

Ihr Vater war 1868 zum Königlich-Preußischen Landrat ernannt worden und übte das Amt bis zu seiner Pensionierung 1889 aus. Theodor Storm (1817 – 1888) war zwei Jahre vor den Reventlows mit seiner Familie nach Husum zurückgekehrt, und beide Familien waren befreundet bis zu seinem Tod 1888. Auch die Ehefrauen Emilie Gräfin zu Reventlow und die zweite Ehefrau Storms, „Dodo" (Dorothea), befreundeten sich und ebenso die Kinder beider Familien. Davon weiß man vor allem durch die Briefe Storms an Paul Heyse. Aufschlussreich ist das Verhältnis Storms zur Familie Reventlow von Karl Ernst Laage dargestellt worden.

Man traf sich bis zu dreimal die Woche in der Wasserreihe oder dem Husumer Schloss. Franziska war oft dabei, wenn

Theodor Storm im Jahre 1886

Storm aus seinen Werken vorlas. „*In der Frankfurter Zeitung vom 12. März 1897 beschrieb Franziska Storm als einen Mann ‚mit schlohweißem Bart und mildhellen Augen‘, der in einem ‚schwarzen Beamtenrock still und unauffällig einherging‘, im Sommer mit einem ‚breitkrempigen Strohhut‘, im Winter ‚mit brauner Pelzmütze und dickem weißen Schal um den Hals‘.*“ (K. E. Laage: Theodor Storm und das Schloss vor Husum, S. 197)

DIE FAMILIE ZU REVENTLOW

Vater			Mutter		
Ludwig Graf zu Reventlow			Emilie Gräfin zu Reventlow		
Königlich-Preußischer Landrat			geb. Reichsgräfin zu Rantzau		
1824 – 1893			1834 – 1905		

Agnes	Theodor	Ludwig	Ernst	Fanny	Karl
1861 – 1947	1862 – 1887	1864 – 1906	1869 – 1943	1871 – 1918	1874 – 1⬤
Stiftsdame Kloster Preetz	starb mit 15 Jahren	Gutsherr, Jurist Wulfshagen Reichstagsabg. 1905 – 1906	Marineoffizier, Reichstagsabg. 1924 – 1943	Lehrerin, Künstlerin	Gutshe⬤ Dam⬤ Major a.

DIE ELTERN

Vater
Ludwig Christian Detlev
Friedrich Graf zu Reventlow

1824 – 1893

Mutter
Emilie Julia Anna Luise
Gräfin zu Reventlow
geb. Reichsgräfin zu Rantzau
1834 – 1905

Franziska schrieb über die Besuche im Storm'schen Haus in ihrem Artikel in der Frankfurter Zeitung 1897:

„Das Storm'sche Haus war eine wirkliche Idylle, man mochte kommen, wann man wollte, an Winterabenden, wenn die zahlreiche Familie beim warmen Kaminfeuer beisammensaß und der Dichter in seiner klangvollen, etwas leisen Stimme vorlas, manchmal seine eigenen Werke – oder an Sommertagen im lauschigen Garten, den er selbst mit liebevoller Sorgfalt pflegte."

Storm schätzte das Kunsturteil des Grafen sehr und bescheinigt ihm in einem Brief an Heyse Interesse an Poesie, sensibles Einfühlungsvermögen und einen kritischen, scharfen Verstand. *„Ein Mensch, schroff, brunnentief und von bedeutendem Geist und Wissen."* (Brief vom 22.10.1879) Storm verehrte die Gräfin und richtete seine Briefe vornehmlich an sie (darüber in K. E. Laage).

Von Fanny zu Reventlow bzw. Franziska, wie sie sich später als Schriftstellerin nennt, existieren aus der Husumer Zeit keine Tagebuchnotizen; aus späteren (vom 4.3.1895) geht aber hervor, dass sie damals Tagebuch geschrieben hat. Man ist für diese Zeit neben dem Briefwechsel Theodor Storm – Paul Heyse auf den autobiografischen Roman „Ellen Olestjerne" angewiesen, wo das Husumer Schloss „Schloss Nevershuus" heißt.

Oben: Wohnzimmer von Theodor Storm

Links: Theodor Storms Wohnhaus in Husum (1866 – 1880)

Das Stadtbild ist bis heute wiedererkennbar

„Ellen Olestjerne". Titelbild der Erstausgabe,
Entwurf von Bohdan von Suchocki

Als Franziska zu Reventlow aufwuchs, reichte die Nordsee noch unmittelbar an Husum heran, wie auch in Storms Gedicht zu hören ist: „Und durch die Stille braust das Meer/eintönig um die Stadt."

Husum Anfang des 19. Jahrhunderts, Schiffe direkt vor der Stadt
In der Mitte des Bildes ist im Hintergrund das Schloss zu sehen, rechts davon die alte Marienkirche

Vom niedrigen Turm, der kaum das Dach des Schlosses überragte, konnte man – auf der Plattform stehend – über Meer und Heide sehen. Sie liebte es, wenn die Herbststürme durch alle Kamine heulten.

Franziska ließ die Sehnsucht nach Husum niemals los. Sie erinnert sich an das Spielen im Schlossgarten mit ihrem älteren Bruder Ernst (in „Ellen Olestjerne" „Erik" genannt) und dem jüngeren Katty (in „Ellen Olestjerne" „Detlef" genannt) sowie Dorfkindern, z. B. an das *„Brücken bauen und Schiffe schwimmen lassen".*

In „Ellen Olestjerne" (S. 8) heißt es über die häusliche Nachmittagsruhe: *„Es war die Zeit, wo sie ungestört allen möglichen Unternehmungen nachgehen konnten – den alten Gärtner im Nebenhaus besuchen, wo sie Kaffee bekamen, an seinen langen Pfeifen rauchen durften, oder die Dorfkinder, die schon lange wartend am Gitter standen, hereinlassen und mit ihnen am Graben Brücken bauen und Schiffe schwimmen lassen."*

Lieblingsbruder Katty (Karl) mit seiner Schwester Franziska

Franziskas gleichaltrige Freundin Anna Petersen – die spätere Bildhauerin – schildert in ihren bisher noch unveröffentlichten Erinnerungen ihre Besuche bei den Reventlows mit ihrem Bruder und das Spielen mit den gleichaltrigen Freunden Fanny und Katty. *„Sie hatten im Schloßgarten sich eine Burg gebaut, die Rekarera hieß, und lebten nun in ihrem Königreich ein phantastisches Kinderleben. Sie wurden die besten Freunde unserer Kinderzeit. ... Wir haben mit ihnen viele fröhliche Stunden erlebt und viele Dummheiten gemacht."* (zitiert nach A. Petersen, S. 21)

Anna Petersen erinnert sich auch an die Spiele in den Schlossräumen: *„Der sogenannte Rittersaal mit einem alten Marmorkamin mit Steinfiguren war der Spielraum* *für die beiden Kinder, in dem wir in den folgenden Jahren viele herrliche Tage verlebt haben. In einem Brief von Fanny, der uns zu einem Besuch überreden soll, heißt es: ‚Dann sitzen wir auf der Kiste im Rittersaal (,) baumeln mit den Beinen und rappeln‘: Wir hatten immer endlos viel zu erzählen. – Besonderen Eindruck auf uns machte das Kellerverließ, in dem die Feinde in Ketten gefangen gehalten wurden …“* (S. 23)

„Wir wurden sofort in die Gemeinschaft Rekarera aufgenommen, ich hieß Gräfin Affenschwanz und Loni war Bischof. Unter dieser Anschrift bekamen wir auch Briefe nach Schleswig, die der Briefträger nur zögernd ablieferte, und fertigten uns Kostüme aus alten Vorhängen und allerlei bunten Stoffen, und von jetzt an waren wir oft in den Ferien in Husum und die beiden Kinder bei uns. Wir machten dramatische Aufführungen und Wettspiele mit Zuschauern aus der Familie Reventlow und ihren Bedienten, wobei der Graf selbst den Preisrichter abgab.“ (S. 23)

Die Besuche und gemeinsamen Spiele waren für Franziska sicher „Sonnentage“ ihrer Kindheit. Anna Petersen beobachtet, dass es bei den Reventlows etwas „förmlicher und feierlicher“ zuging als bei ihr zu Hause. Sie schreibt in ihren Erinnerungen: *„Die Anschauungen über das, was erlaubt und nicht erlaubt ist, waren sehr viel strenger, wie das in alten Adelsfamilien überall Brauch war. Die Auffassung, daß es ungehörig sei, mit nackten Füßen gemeinsam zum Krebsfang zu gehen, und daß der Briefwechsel eines Mädchens mit den Jungen vom 14. Jahr an als unpassend* *verboten wurde, und zwar durfte auch Katty mir nicht schreiben …"* (S. 23/24)

Anna Petersen beschreibt auch die Mutter Franziskas in ihrem strengen Aussehen: *„Die Gräfin Reventlow war eine stolze und schöne Erscheinung, mit vornehmem Kopf mit fein gebogener Nase, von dem Typus, wie man das viel bei den schleswig-holsteinischen alten Adelsfamilien findet, die viel untereinander geheiratet haben und sich daher vielleicht bis zu einem gewissen Grade ähnlich sind. Die Kleidung war spartanisch einfach und nüchtern und gab ihr ein matronenhaftes Aussehen, und auch der Graf mit Lodenjoppe, grünem Hut und grauem, wollenem Halstuch legte keinen großen Wert auf äußere Schönheit. Im Hause ging es förmlicher zu, als wir es gewohnt waren, so daß wir selbstverständlich zurückhaltend und still im Familienkreise waren."* (S. 24)

Wie dieser förmliche Umgang auf Franziska wirkt, beobachtet Anna Petersen ganz genau: *„Fanny, die sehr lebhaft und unruhigen Geistes war, befand sich entschieden nicht am rechten Platze. Sie wurde ganz allein von einer alten Lehrerin unterrichtet und war unausgefüllt und gelangweilt."* (S. 25)

Franziska selbst sagt in ihrem autobiografischen Roman über Ellen: *„Die kleine Ellen hatte schon frühzeitig ein dunkles Gefühl davon, dass sie mit dem linken Fuß auf die Welt gekommen sein musste. Sie war ein schwächliches,* *zurückgebliebenes und dabei scheues, trotziges Kind, an dem niemand besondere Freude hatte und das zwischen den Brüdern nicht recht zur Geltung kam. Eigentlich war sie überflüssig und wurde fortwährend hin und her geschoben."*

Ellen kam allmählich zu dem Schluss, es läge alles nur daran, dass sie ein Mädchen war; aber das bekam sie unzählige Male zu hören. Kleine Mädchen dürfen nicht so wild sein – kleine Mädchen klettern nicht auf Bäume – kleine Mädchen müssen ihre Kleider schonen ... („Ellen Olestjerne", S. 10) Vom Kindermädchen wird Ellen vertröstet; wenn sie erst einmal sechs Jahre alt würde, dann würde sie ein Junge werden. Das musste sie natürlich zu einer herben Enttäuschung führen. Stattdessen wurde sie durch die Mutter in alles eingeführt, was ein Mädchen lernen sollte: still sitzen, nähen, stricken

Franziskas Bruder Theodor

und lesen. Im Roman ist die Mutter mit Ellen nie zufrieden und stöhnt: *„Es ist doch wirklich ein Kreuz mit dem Kind!"* („Ellen Olestjerne", S. 11)

Franziska ist sieben Jahre alt, als ihr älterer Bruder mit 16 Jahren an einer Gelenk- und Herzentzündung stirbt. Dieses erschütternde Ereignis regt Storm später zu dem Gedicht „Geh nicht hinein" an. Dieses Gedicht würdigt K. E. Laage in seinem gleichnamigen Aufsatz.

Franziska schildert im Roman den Tod ihres Bruders Kai bzw. Theodor, der die Mutter sehr mitnimmt. Im Roman heißt es (S. 12):

„Ellen empfand nur einen furchtbaren Schrecken, ein Gefühl von kalter, beklemmender Angst, wie sie es noch nie am hellen Tage gehabt hatte. Sie klammerte sich fest an Erik (Ernst) und weinte entsetzt mit. Detlev wurde auch bange, er wusste nicht, was das alles bedeuten sollte, und rief laut nach Mama. Stattdessen kam die alte Stina heraus, ihr Gesicht war ganz verstört und zusammengefallen – die Kinder hatten sie noch nie in Tränen gesehen. ‚Ihr müsst ganz ruhig sein, ihr könnt jetzt nicht zu Mama.'"

Dieses Ereignis brachte eine weitere Distanz zu den Kindern. Lange Zeit hindurch war die Mutter leidend und schwermütig und konnte es nicht ertragen, die Kinder viel um sich zu haben, die immer wieder von Kai bzw. Theodor sprachen und nach ihm fragten („Ellen Olestjerne", S. 13) Der gemein-

Die Geschwister Karl, Franziska, Ernst und Ludwig zu Reventlow (von l. n. r.)

sam erlebte und erlittene Tod wäre eine Chance für eine Annäherung von Mutter und Kind gewesen; stattdessen werden die Kinder in dieser existenziellen fundamentalen Erfahrung alleingelassen. Eine große Chance für eine gute Beziehung ist hier vertan worden.

Der Mangel an Mutterliebe wird für Franziska zur Schlüsselerfahrung ihres Lebens: *„Ich bin so entsetzlich viel gescholten und bestraft worden, daß es für mein ganzes Leben ausreicht."* (zitiert nach H. Fritz, S. 39) Franziska empfindet die Zurückweisung als brutal und schreibt in einem Brief:

„Ich habe als Kind mir immer eingebildet, nicht das rechte Kind meiner Eltern zu sein – weil ich nicht begreifen konnte, daß Mutter mich so behandelt." (24.4.1890) – *„Sie kann mich nicht leiden, seit frühester Kindheit bin ich immer das Stiefkind gewesen … Sie können sich denken, wie grausam schwer diese häuslichen Verhältnisse sind, wenn man sich nach Liebe sehnt und immer zurückgestoßen wird. Ich habe meine Mutter leidenschaftlich geliebt und förmlich danach gelechzt, von ihr geliebt zu werden, aber allmählich hat sich das abgestumpft und erkältet, und es ist beinahe Krieg ausgebrochen zwischen uns …"* (Brief an E. Fehling am 29.11.1890)

Es ist sicher nicht nur der individuellen Gefühlskälte der Mutter zuzuschreiben, was Franziska als emotionales Defizit spürt, sondern auch dem damaligen Erziehungsstil, der Kinder noch nicht als Wesen mit ernst zu nehmender Seele berücksichtigt und der das Zeigen von Liebe als Schwäche ansah.

Hinzu kommt die wohl gut gemeinte Bemühung der Mutter, das Kind für seine Rolle in der Gesellschaft vorzubereiten, wie es damals üblich war.

In seinem Buch „Vaterländische Erziehung für Höhere Mädchen" hebt Hans-Christian Pust hervor, dass es damals in erster Linie um die Ausbildung der Mädchen zur gesellschaftlichen Dame ging. (S. 35)

In einem Brief an Emanuel Fehling (27.4.1890) – mit 19 Jahren also – schreibt Franziska über ihre Erziehung: *„Von jungen Mädchen findet man es ... entsetzlich, wenn sie ein Selbst sein wollen; sie dürfen überhaupt nichts, im besten Falle eine Wohnstubendekoration oder ein brauchbares Haustier, von tausend lächerlichen Vorurteilen eingeengt, die geistige Ausbildung wird vollständig vernachlässigt, möglichst gehemmt. Zuletzt werden sie dann an einen netten Mann verheiratet und versumpfen vollständig im Haushalt und dergleichen."*

Über höhere Töchter schreibt sie: *„Sie machen sich gar keinen Begriff, wie mit solch unglücklichen Backfischen zu Hause und in Pensionen verfahren wird, ihnen werden die unnötigsten, uninteressantesten Kenntnisse eingetrichtert, furchtbar viel Religion, Grammatik, Handarbeit und Klavier. Sie sollen gewaltsam in eine Schablone gepreßt werden, was* dabei herauskommt, können sie an den durchschnitts-jungen Mädchen und Frauen sehen, ungebildete, bleich-süchtige, spitzenklöppelnde, interessenlose Geschöpfe, die, wenn sie sich verheiraten, in Haushalts- und Kinderge-schichten aufgehen." An anderer Stelle schreibt sie an Emanuel Fehling: „Ich möchte so gern wissen, wie Sie darüber denken. Katty hatte mir ein Buch von Ihnen geliehen, ,Das Recht der Frau', die Ideen, die darin ausgeführt waren, fand ich ungemein vernünftig. Ich habe nie viel vom Verkehr mit jungen Mädchen gehabt, weil die meisten eben in dieser Unselbständigkeit befangen sind und überhaupt keine Indi-vidualität besitzen. Ich habe ungefähr 20 Freundinnen, aber es wäre mir unmöglich, einer von ihnen nur halb so viel zu sagen wie Ihnen. Der Austausch unter Freundinnen im All-gemeinen besteht nur aus Geschichten über Leutnants, Liebe etc. Ich kann Ihnen nicht sagen, wie mich das elendet. Der Gedanke, Lehrerin zu werden und andere Gedanken in die Jugend zu bringen, hat etwas ungemein Anziehendes." (Brief an E. Fehling im März 1889)

Je mehr Franziska die Enge zu Hause empfindet, desto stärker werden ihr Freiheitsdrang und ihr Fluchtwunsch. „Mir ist diese hochgradige Aristokratie höchst unsympa-thisch ... die alberne Formalität, die idiotischen Standes-vorurteile würden es mir unmöglich machen, auf die Länge unter ihnen zu leben." (Brief an E. Fehling am 6.7.1890)

Die Versuche, die Sexualität der Mädchen zu unterdrücken, empfindet sie als unsinnig und lächerlich. „Die Töchter des

Landes – ohne Ausnahme nette Mädchen – werden von der Lektüre von Büchern, in denen das Wort Liebe vorkommt, und vor jeder Berührung mit jungen Herrn mit Todesangst behütet – außer auf Bällen, zu denen die Mütter dann mit ihren Töchtern und einem Altar in der Tasche hinfahren."

Mit 15 Jahren (1886) wird Franziska in ein Erziehungsheim gesteckt, in das „Magdalenenstift zu Altenburg", eine Anstalt speziell für Adelstöchter. Wegen Aufsässigkeit wird sie mehrfach mit Arrest bestraft; schließlich wird sie von der Anstalt verwiesen. Zurück im Husumer Schloss lebt sie nun wie unter Haftbedingungen.

Schülerin Franziska zu Reventlow im Freiadeligen „Magdalenenstift zu Altenburg" in Thüringen 1886

Anna Petersen erläutert in ihren Erinnerungen die Situation folgendermaßen: „*Mit etwa 14 Jahren wurde sie in ein adliges Stift in Altenburg gesteckt, wo sie erfüllt von Opposition und Übermut nicht lange leben konnte. Sie war tatendurstig und unternehmend, hätte gern ein Studium ergriffen, was bei den Anschauungen der Zeit, und noch mehr des Elternhauses, als nicht ,standesgemäß' unmöglich erschien. Sie führte ein leeres Leben, reiste besuchsweise von einem Gut zum anderen, ohne befriedigt zu sein.*" (zitiert nach A. Petersen, S. 25)

Sie vereinsamt, wird grüblerisch und schreibt Tagebuch. 1889 zieht die Familie nach Lübeck in die Moislinger Straße 30.

Im Lübecker Lehrerinnenseminar 1891

Dort besucht Franziska das Lehrerinnenseminar von Amelie und Clara Roquette in der Glockengießergasse 37 und wird von ihrem Bruder Karl in den Ibsen-Club eingeführt, wo gesellschaftskritische und freigeistige Literatur gelesen wird: Ibsen, Zola, Tolstoi, Dostojewski, Lasalle, Bebel u. a. Dadurch fühlt sich Franziska in ihrer Kritik am Elternhaus und an der Gesellschaft bestätigt.

„Mir ist, seit ich Ibsen kennengelernt habe, eine neue Welt aufgegangen, von Wahrheit und Freiheit. Ich möchte ins Leben hinaus und für diese Ideen leben und wirken." (Brief an E. Fehling am 22.4.1890). Durch Ibsen fühlt sie sich in der Auffassung bestätigt, dass Frauenbefreiung sich am besten in der Erotik verwirklichen lasse.

Sie beginnt eine heimliche Beziehung zu Emanuel Fehling, mit dem sie im März 1890 einen Briefwechsel beginnt, und trifft sich mit ihm heimlich in der Lübecker Marienkirche.

Das alles wirkt auf sie wie eine Illustration zu den Ibsen-Dramen über Lebenslüge und Scheinmoral. Fehling macht sich offenbar die Auffassung der Franziska nicht so radikal zu eigen, sodass sich Franziska einem älteren Mann zuwendet, zumal Emanuel Fehling im Herbst 1891 zum Militär muss.

Franziska mit 17 Jahren

Absage an die Tradition, Aufbruch und ein Leben in Freiheit 1892 – 1910

Absage an die Tradition 1892 – 1893

Zu Hause kommt es 1892 zu einem Bruch. Die Mutter hat in Abwesenheit der Tochter die Schatulle mit den Liebesbriefen an Fehling geöffnet. Franziska wird mit dem Lehrerexamen in der Tasche förmlich aus dem Haus gewiesen und in ein Pfarrhaus in Adelby gesteckt, wo sie Moral und Haushalt lernen soll. Das entspricht ganz den Vorstellungen der Zeit, wie man bei Hans-Christian Pust lesen kann (S. 67):

„Es ist eine wichtige Aufgabe, dem deutschen Volk die Frauen und Mütter zu erziehen, weil das Glück der Familie sowie die Gewohnheiten der Gesellschaft abhängig sind von der Wesensentwicklung der Frau."

Nachdem Franziska volljährig wird, flieht sie im April 1893 aus dem Pfarrhaus mit 20 Mark in der Tasche zu Freunden aus dem Ibsen-Club nach Hamburg-Wandsbek. Der Vater, der im Begriff war, sie entmündigen zu lassen, liegt im Sterben. Die Familie erlaubt ihr nicht, ihn noch einmal zu sehen. Am 14. Juni 1893 stirbt er. Franziska ist 22 Jahre alt.

„Zuerst hatte ich gehört, daß mein Vater krank sei. Ein leidenschaftlich zorniger Brief meines ältesten Bruders, der mir in erregten Worten die Schuld beimaß, hatte mich

davon benachrichtigt. . . . Von Fernstehenden hörte ich kurze Zeit darauf, mein Vater habe sich erholt. Und dann kam eines Tages das Telegramm, daß er im Sterben liege. . . . Ich fuhr ab.

Acht Stunden, bis ich daheim sein konnte – zu Hause! Ja, ich fuhr nach Hause, nach zwei Jahren wieder nach Hause. Wie gut das war. Ich sagte es mir selbst immer wieder vor: nach Hause!

Das mußte den brennenden, aufsteigenden Schmerz kühlen. Zur Mutter! Ihr in die Arme. Mutter! schluchzen dürfen, Mutter! stammeln dürfen – so hatte ich es noch nie sagen können.

Acht Stunden am schwülen Julitag im sonnendurchglühten Wagen, acht Stunden mußte ich in qualvoller Aufregung dahinfahren.

Wird er noch leben? Werde ich noch vor ihn hinknien können, seine sterbenden Hände küssen, in seine verlöschenden Augen sehen, reuig und sehnsüchtig? Oder wird er meine Schuld unvergessen mit hinabnehmen? . . .

Der Priester ging. Seine Mission war vollbracht. – Habe Dank für dein Evangelium, du Mann des Friedens. – Ich stand allein auf dem Bahnhof. Ich war völlig bei Sinnen. Mein Vater lebte noch und (so hatte der fromme Mann gesagt): „Sie werden ihn nicht sehen und wenn ich selbst mich vor die Tür stellen müßte." . . .

Als ich zu meinen Gastfreunden zurückkehrte, war eine Botschaft von meiner Familie da – noch kälter und unbarmherziger wie die vorige. Mein Vater war gestorben, und jetzt durfte ich kommen und ihn noch einmal sehen.

Auf dem Bett im kahlen Krankenzimmer lag etwas Kaltes, Lebloses, Schreckliches, und das war mein Vater gewesen. Und ich kniete davor und wußte nur, daß er es nicht mehr war, daß es für alle Zeiten zu spät war.

Gebrochen und in wahnsinnigem Schmerzausbruch warf ich mich über die kalten Glieder meines Vaters hin. Die glühenden Tränen seines verlorenen Kindes mußten seine eisige Stirn und seine toten Hände netzen, und zur Vergebung war die Zeit vorüber. –

Dann kamen Menschen ins Zimmer.

Jemand zog mich vom Bett in die Höhe. Es war mein ältester Bruder.

Für eine Minute zog uns der Kummer in eine traurige, geschwisterliche Umarmung. Ich weiß nur noch, daß mich der Bruder in seinen Armen hielt und daß der Priester da war, und seine Stimme schwirrte mir mit kalten Worten in den Ohren.

Meine Mutter wollte mich nicht sehen. Ich blieb noch einen Tag in der Stadt. Als der Abend kam, ging ich aus. Das Haus meiner Eltern wollte ich noch einmal sehen, und ich ging um den Wall nach der alten, bekannten Straße und dann viele Male um das Haus herum, am Gartenzaun entlang. An der Südseite standen die Fenster offen. Die Vorhänge waren nicht herabgelassen. Da saßen sie beim Lampenlicht um den Teetisch.

Ich sah meine Mutter, meinen Bruder, konnte verstehen, was sie sprachen. Ich packte das Gitter und dachte einen Augenblick daran, mich an ihm aufzuspießen. Wahnsinn. – Aber erschießen konnte ich mich. Meinen Revolver hatte ich ja mitgenommen. In all die glühenden Schmerzen hinein die kalte Kugel. Und auf die Haustreppe sich hinlegen, gerade auf die Schwelle, und dort sterben.

Warum habe ich es nicht getan? Es wäre gut gewesen. Warum mußte mich die feige Angst noch an den Fetzen Leben schmieden? –

Im Hofe bellten die Hunde, meine alten, treuen Hunde mit ihren heiseren Stimmen. Ich stand noch da – ich starb ja nicht – tötete mich nicht – wurde auch nicht toll. Es fror mich in der Nachtkühle und in meinem Elend. – Nun wollte ich gehen. Noch einmal über die Straße zurück. Da oben auf dem Balkon stand eine Gestalt. Es war meine Schwester. Das war ihr Zimmer, und die andern waren alle unten bei der Lampe gewesen. Ich stand wieder am Gitter und sah hinauf zur Schwester. – Kein Wort. – Ich hörte sie weinen.

Sie hatte mich gesehen und sah hinunter, während ich zu ihr emporstarrte und kein Wort sprach.

Dann ging ich.

Die letzte weiche Saite in mir sprang klirrend entzwei."

(Gesammelte Werke der Franziska zu Reventlow in einem Bande, Langen Müller, München 1925, S. 995 – 999)

Zurück in Wandsbek verlobt sie sich mit Walter Lübke, der sie in dem Wunsch unterstützt, Künstlerin zu werden.

Blicken wir noch einmal auf Kindheit und Jugend der Franziska zu Reventlow bis hierher, so kann man sie geradezu als ein Paradebeispiel für die Auswirkung früher Prägungen und Erfahrungen ansehen.

Franziska und ihr Verlobter Walter Lübke: das Brautbild

- Aus der vergeblichen Suche nach Wärme und Liebe der Eltern in der Kindheit resultiert die ruhelose Suche nach Liebe, was wiederum viele Enttäuschungen mit sich bringt.

- Aber es resultiert auch daraus später die liebevolle Zuwendung zu ihrem Sohn, dessen Liebe sicher manches geheilt hat.

- Aus der fehlenden Anerkennung der Eltern folgt die ständige Suche nach Anerkennung ihres persönlichsten Ausdrucks, der Kunst und die rückhaltlose Anerkennung der Äußerungen ihres eigenen Kindes.

Absage an die Tradition 1892 – 1893

- Aus der strengen Fremdbestimmtheit entwickelt sich ein hohes Maß an Selbstbestimmung.

- Aus der Enge der gesellschaftlichen Konvention erklärt sich die Weite und Freiheit eigener Bedürfnisse, d. h. Verstöße gegen gesellschaftliche Konventionen.

- Aus der Kritik an der verdummenden Mädchenerziehung entspringen Erkenntnisse und ein eigener Lebensstil, der ein praktisches Beispiel von Emanzipation war.

- Aus der Ächtung der Sexualität außerhalb der Ehe resultiert der freie und selbstbestimmte Umgang mit Sexualität, d. h. unter Umständen auch die Trennung von Sexualität und Liebe.

- Aus der erlebten Verlogenheit erklärt sich die Nähe zum Ibsen-Club, die zu weiterer Befreiung ermuntert.

Franziska zu Reventlow beschreibt das Freiheitsstreben schon fast als inneren Zwang (Brief an E. Fehling am 29.11.1890):

„Ich will und muß einmal frei werden; es liegt nun mal tief in meiner Natur, dieses maßlose Streben, Sehnen nach Freiheit. Die kleinste Fessel, die andere gar nicht als solche ansehen, drückt mich unerträglich, unaushaltbar, und ich muß gegen alle Fesseln, gegen alle Schranken ankämpfen, anrennen ...“ (zitiert nach H. Fritz, S. 41)

Im August 1893 fährt Franziska zu Reventlow nach München, die Kunstmetropole Deutschlands. Sie wohnt in der Theresienstraße 66, studiert Malerei an der privaten international anerkannten Malschule von Anton Azbe, die auch von Kandinski besucht wurde. München war zu der Zeit eine Stadt, in der es Tausende von Malern gab, und stellte für Malerinnen eine besondere Attraktion dar, weil Frauen zu der Zeit an staatlichen Kunstakademien noch nicht arbeiten durften. Die Namen Lenbach und Kaulbach, zwei Kunstmäzene, gehören hierher. Auch literarisch geschah viel, die Gründung von Verlagen, z. B. dem Langen Verlag, bei dem Franziska veröffentlichte, dem Insel-Verlag; es gab verschiedene literarische

Ludwig Klages

Strömungen und Gruppen wie die Anarchisten um Erich Mühsam oder die esoterische Kosmikerrunde um Ludwig Klages.

Alle zusammen bildeten den Mythos Schwabing. Den Aufenthalt in München finanziert ihr Verlobter Walter Lübke. Sie genießt die Freiheit bei aller finanziellen Knappheit – und ist begeistert von ihrem Leben als Künstlerin. Sie hat erreicht, wovon sie schon in ihren Briefen an Anna Petersen schwärmt, die von ihr bewunderte künstlerisch begabte Freundin und spätere Bildhauerin Husums: *„Ich habe große Pläne ... ich will nämlich Künstlerin werden"* (Brief an A. Petersen am 28.2.1889) und *„möchte so gerne alle meine Kräfte der ‚Kunst' weihen."* (Brief an A. Petersen Anfang Mai 1889).

Die Kosmiker im Jahre 1902: Karl Wolfskehl, Alfred Schuler, Ludwig Klages, Stefan George, Albert Verwey (von links nach rechts)

Franziska bedankt sich in einem Brief an Ferdinand Tönnies für seine Bestärkung und Hilfe. *„An die Worte, die Sie mir damals von der Kunst geschrieben, habe ich noch oft gedacht und habe ihre Wahrheit erkannt ... Sie haben mir gesagt, daß* *man der Kunst mit Andacht, selbst mit Askese dienen müsse. Ja, lieber Herr Professor, ich habe dort in der verhältnismäßig kurzen Zeit doch das gefunden, was ich vorher in Unklarheit und Unbewußtheit ersehnte und halte das jetzt für immer fest, die Hingabe, die völlige und unzerteilte Hingabe an das Ziel, an die Kunst."* (Brief an F. Tönnies, Hamburg, 31.8.1894). Trotz aller Entbehrungen stellt sie auch in der Rückschau fest:

„Und doch ist dieses Künstler-Bohemeleben das Beste von meinem ganzen bisherigen Leben gewesen. Es ist wenigstens frei, ganz frei, und man sieht hinter den Kulissen ungleich viel wahrer, und an den Menschen lernt man in der Not viel Gutes kennen, an das man nur als Kind glaubt." (Briefe, S. 284)

In einem Kreis polnischer und russischer Künstler lernt sie den Maler Adolf Herstein kennen, einen galizischen Polen, mit dem sich eine leidenschaftliche Liebe entwickelt; sie löst aber ihre Verlobung mit Walter Lübke nicht auf. Sie will sich Weihnachten 1893 von Lübke trennen, bringt es aber bei der Begegnung nicht übers Herz. Im Frühjahr 1894 wird sie schwanger, da rät ihr Herstein, zu ihrem Verlobten Walter Lübke zurückzukehren, weil ein Kind nicht in sein Künstlerleben passe. Franziska ist enttäuscht, resigniert und gibt dem Drängen Walter Lübkes nach Heirat nach.

Sie heiratet am 22. Mai 1894 den Juristen Walter Lübke – ohne Anwesenheit ihrer Familie – und lebt mit ihm in Hamburg. Sie verschweigt ihm ihre Schwangerschaft und erleidet kurz nach der Heirat im Juni 1894 eine Fehlgeburt. Da sie ohnehin gesundheitliche Probleme hatte und der Arzt Schweigepflicht, erfuhr Lübke zunächst nichts davon. Ein Jahr lang führten die beiden ein ruhiges Leben. In dieser Zeit verfasst sie mehrere Artikel für die Husumer Nachrichten und auch für andere Zeitungen, darunter den Sim-plicissimus. Sie setzt im Mai

Franziska mit ihrem Ehemann, Gerichtsassessor Walter Lübke

1895 ihr Malstudium fort, das ihr Mann weiter unterstützt. Nach diesem Jahr des Getrenntlebens schließlich beichtet sie ihrem Mann im Sommer 1896 während eines Urlaubs ihre Nebenbeziehung. Er verweigert darauf jedes weitere Gespräch und reicht umgehend die Scheidung ein. Im Januar 1897 erfährt sie, dass sie wieder schwanger ist. Im April 1897 wird sie des mehrfachen Ehebruchs für schuldig befunden und geschieden und hat die nicht geringen Gerichtskosten zu tragen.

Jahre der Reife – Die zweite Phase der Münchener Zeit 1897 – 1910

Franziska ist jetzt 26 Jahre alt. Sie freut sich auf das Kind, hat aber große Sorgen wegen der materiellen Versorgung und beginnt eine intensive Übersetzertätigkeit für den Langen Verlag. In den Tagebucheintragungen lesen wir von ihren Sorgen, Nöten und Hoffnungen. Sie ist in großer Geldnot und hat immer wieder Todesgedanken. Andererseits freut sie sich, dass sie in dem Kind einen Menschen haben wird, der zu ihr gehört. Sie hat Angst vor einer Fehlgeburt. In dieser Zeit träumt sie oft von Husum und dass alle wieder gut zu ihr wären. Sie schreibt vergebliche Briefe an Walter, den sie noch liebt und an dem sie hängt. Er schlägt aber vor, sie solle den Vater des Kindes heiraten. Es kommt aber im Sommer noch zu einem versöhnlichen Treffen zwischen ihr und Walter.

Sie hat Schmerzen und Ohnmachten in dieser Schwangerschaft, begleitet von Todesfantasien, bis sie am 1. September 1897 ihren Sohn zur Welt bringt.

Wie glücklich Franziska ist, ist ergreifend in den Tagebüchern zu lesen:

Franziska mit ihrem Sohn Rolf

„Ich lag in meinem Wohnzimmer und sah grüne Bäume und Sonne

und hatte mein Kind, endlich mein Kind, o mein Gott, mein Kind. Alles hängt an ihm, all meine Liebe und all mein Leben, und die Welt ist wieder herrlich für mich geworden, wieder Götter und Tempel und der blaue Himmel darüber." (Tagebuch, im Folgenden mit TB abgekürzt, S. 70, von I. Weiser u. J. Gutsch).

Sie nennt ihren Sohn Rolf. Den Namen des Vaters gibt sie nicht an, was man als skandalös ansah. Die gesetzlich geforderte Benennung des Vormunds schiebt sie lange hinaus, bis sich schließlich Ludwig Klages, den sie 1899 kennenlernt, bereitfindet, diese Rolle zu übernehmen.

„Madonna mit Kind"

Beide waren von ihrer ersten Begegnung gleich begeistert. Klages war Graphologe und Philosoph und stand in Kontakt mit Stefan George. Mit diesem Kreis kam sie dann später auch in Berührung. Sie bittet auch ihren Bruder Ludwig, eine Art Patenschaft für ihren Sohn zu übernehmen, falls ihr mal etwas zustoße. Er kommt und hilft ihr auch finanziell punktuell.

Trotz ihrer intensiven mütterlichen Rolle lebt Franziska ihre volle sexuelle Freiheit aus, orientiert sich an den Hetären des Altertums, die *„freie, hochgebildete und geachtete*

Frauen waren, denen niemand es übel nahm, wenn sie ihre Liebe und ihren Körper verschenkten, an wen sie wollten und so oft sie wollten, und die gleichzeitig am geistigen Leben der Männer mit teilnahmen." („Ellen Olestjerne", S. 479).

Ihrem Sohn gegenüber hat sie keine moralischen Bedenken:

„Ach, guter Gott, in Geschichten werfen sich sündige Mütter an der Wiege ihres Kindes nieder etc. Ich komme müde heim, bin froh, wenn ich etwas Geld in der Tasche hab und wieder bei meinem Bübchen bin. Aber dass er mir etwas übel nehmen sollte, wenn er groß wird und einen Einblick in die Abgründe tut, durch die seine Mutter gelegentlich wandelt – er möchte mir's eher übel nehmen, wenn ich ihn und mich verhungern ließe und wenn ich mich mit Übersetzen totschinde." (TB, S. 96)

Zu dieser Zeit hat sie Beziehungen zu Dr. Alfred Friess, dem „fremden Mann" und dem Geologen Albrecht Hentschel. Neben der Übersetzertätigkeit nimmt sie Schauspielunterricht und spielt in Hamsuns Stück „An des Reiches Pforten" die Hauptrolle der Eline.

Als Hentschel den Auftrag bekommt, als Geologe auf der Insel Samos geologische Untersuchungen vorzunehmen, lädt er sie im Mai mit ihrem Sohn auf diese Reise ein. In dieser Zeit beginnt sie den Roman „Ellen Olestjerne".

Dr. Alfred Friess   Albrecht Hentschel

Im Dezember kehren sie nach München zurück. Wegen des rauen Umgangs Hentschels ihrem Sohn gegenüber trennen sich beide.

In München gerät sie durch Ludwig Klages in den Kreis der Kosmiker, wozu auch Stefan George gehört. Deren Ideologie karikiert sie später im Roman „Herrn Dames Aufzeichnungen".

Ludwig Klages versucht, sie zu vernünftiger Lebensweise zu bringen – schon wegen des Kindes. Ihr Umgang mit dem jungen Theatervolk ist ihm ein Dorn im Auge, aber auch ihr Rauchen. Je mehr er sie zu vereinnahmen und zu erziehen sucht, umso mehr distanziert sie sich, und die Beziehung kühlt sich 1902 ab, aber er hält danach weiter zu ihr.

Kaulbachstraße

Im Herbst 1903 beginnt die drei Jahre dauernde Wohngemeinschaft im Eckhaus in der Kaulbachstraße mit Bohdan von Suchocki (Such genannt), mit dem sie trotz vieler anderer Flirtereien eine feste Beziehung eingeht, und Franz Hessel. Von Such wird sie erneut schwanger. Die drei reisen mit Rolf im Herbst 1904 trotz Franziskas Schwangerschaft und ihrer angegriffenen Gesundheit gemeinsam nach Italien.

Bohdan von Suchocki 1903

Dort hat sie eine Frühgeburt von Zwillingen, von denen ein Mädchen sofort tot ist, das andere nur einen Tag lang lebt. Das nimmt sie sehr mit, aber sie konzentriert sich umso mehr auf ihren Sohn und macht sich viele Gedanken über seine Erziehung. Sie setzt durch, dass sie ihren Sohn privat unterrichten darf.

Kein Geringerer als der berühmte Pädagoge Dr. Kerschensteiner, den sie aufsucht, verhilft

Mit dem Sohn in Italien

ihr zu dieser Lehrbefähigung. Sie meint, das wilhelminische Schulsystem könne negative Auswirkungen auf die Entwicklung ihres Sohnes haben. Sie verfasst den Aufsatz „Erziehung und Sittlichkeit" und wendet sich darin gegen die Körperfeindlichkeit.

Franziska unterrichtet ihren Sohn selbst

„Wir aber wollen unsere Kinder nicht in dieser hoffnungslosen Entsagungsödigkeit aufziehen, die man uns in unserer Kindheit gepredigt hat – die manchen von uns um den schönsten Teil seiner Jugend gebracht hat. Dieses trostlose Nein dem Leben gegenüber – das eben ist die Erbsünde, von der wir sie erlösen wollen, zu einem frohen, selbstbewußten Ja." („Ellen Olestjerne", S. 488)

Karl Wohlfskehl

1903 entwickelt sich eine kurze leidenschaftliche Beziehung zu dem Germanisten Karl Wolfskehl, auch einem Mann aus dem Kosmikerkreis. Ihr Geliebter Such fand einen Liebesbrief von Wolfskehl an Franziska und war natürlich eifersüchtig. Aber 1904 schreibt sie schon eine Satire auf die Überspanntheit des Schwabinger Kreises, besonders der Kosmiker.

Im November 1905 stirbt Franziskas Mutter, die sich noch vergeblich um Aussöhnung mit Franziska bemüht hatte und ihr auch hin und wieder Geldbeträge hatte zukommen lassen.

Ein halbes Jahr später, im Mai 1906, stirbt ihr Bruder Ludwig, der mehrfach zwischen Mutter und Tochter zu vermitteln versucht hatte. Sie hatte den schwer kranken Ludwig 1905 in Berlin besucht, wo er als Reichstagsabgeordneter lebte. Dort traf sie auch ihren Bruder Ernst, zu dem ihr keine weitere Annäherung möglich ist. Auch an Ludwigs Totenbett treffen noch einmal alle zusammen; es verändert sich aber nichts dadurch, nur mit der Schwester Agnes gibt es von da an hin und wieder brieflichen Kontakt.

Die Wohngemeinschaft wird aus finanziellen Gründen Ende Juni 1906 aufgelöst, obwohl Franziska das wegen ihres Geliebten Such schwerfiel.

Im November 1906 macht sie eine Reise nach Griechenland mit ihrem Sohn und kehrt im Frühjahr 1907 nach einem längeren Aufenthalt in Rom zurück.

Im Sommer 1907 ist sie im Krankenhaus und wird operiert.

Mit Rolf in Ascona

Im September wandert ihr Geliebter Such nach Amerika aus, was für sie ein schwerer Schlag ist. Suchocki war aus Hilfsbereitschaft und im Einverständnis mit Franziska eine Scheinehe mit einer Bekannten von Franziska eingegangen, die ein uneheliches Kind bekam und es nicht zu einem Bruch mit ihrer Familie kommen lassen wollte. Als das Kind geboren und damit automatisch von Such adoptiert war, erhob sie finanzielle Ansprüche gegen Suchocki. Dieser sieht keine andere Möglichkeit, als die Flucht zu ergreifen, und reist in die USA – vielleicht mit der vagen Aussicht für Franziska, dass sie nachkommen könne. Aber bevor Suchocki in Bremen das Schiff besteigt, besucht er noch eine Malerfreundin. Sie und nicht Franziska wird es dann sein, die ihm zwei Jahre später folgt.

Franziska vermisst ihn sehr, was aus dem Briefwechsel und dem Tagebuch hervorgeht. Sie wechselt mehrfach ihre Wohnung und schlägt sich mühsam durch. In einem Café lernt sie Erich Mühsam näher kennen, der sich in anarchistischen Kreisen aufhält und als Lyriker, Essayist und Dramatiker die Staatsgewalt satirisch attackiert. Er wurde später (1934) im Konzentrationslager Oranienburg ermordet. Durch Erich Mühsam lernt sie den Psychoanalytiker Otto Gross kennen, der die Freud'sche Psychoanalyse verteidigt.

Trotz ihres wirtschaftlichen Bankrotts verliert Franziska nicht den Mut. Sie nennt diese Zeit selbstironisch *„das Zeitalter der Päule"*, wie man es in dem 1912 entstandenen Roman „Von Paul zu Pedro" lesen kann, in dem sie das Phänomen immer wieder auftauchender Männertypen beschreibt.

Sie verlässt München am 1. Oktober 1910 und gelangt über Berlin und Paris nach Ascona im Tessin, wo sie in den folgenden Jahren leben wird. Hier hört das Tagebuch auf.

1911 geht sie eine Scheinehe mit dem baltischen Baron Alexander von Rechenberg ein; für ihn ist eine Verheiratung die Voraussetzung für eine Erbschaft. Der Schwiegervater, der nach Ascona fährt, um die zukünftige Schwiegertochter kennenzulernen, durchschaut jedoch den Plan, sodass der Baron nur den Pflichtanteil erbt, aus dem Franziska 10000 Franken erhält und ihre Schulden begleicht; später, als der Baron stirbt, soll sie eine weitere Summe erhalten, die aber durch einen Bankkrach verloren geht.

Baron Alexander von Rechenberg-Linten, Scheinehemann von Franziska zu Reventlow

Die literarische Periode
1910 – 1918

Von 1910 an beginnt eine literarisch intensive Zeit mit Erzählungen wie z. B. „Der Tod", die im Simplicissimus erscheint, dem erwähnten Roman „Von Paul zu Pedro", der im Langen Verlag herausgegeben wird, und Übersetzungen aus dem Französischen.

1913 arbeitet sie an dem Roman „Herrn Dames Aufzeichnungen", 1915 veröffentlicht sie die Erzählung „Wir Spione" im Simplicissimus, 1916 den Roman „Der Geldkomplex", in dem sie die Erbgeschichte verarbeitet. In diesem Roman nimmt Franziska gleich drei Aspekte aufs Korn: Neben der Psychoanalyse Freuds ihr eigenes Unvermögen, mit Geld umzugehen, und sie parodiert die Gattung Briefroman. War im 18. Jahrhundert der Briefroman die beliebte Form, um Subjektivität und Empfindsamkeit zu inszenieren, so kommt es ihr gerade nicht auf Wahrheit und Authentizität an, sondern frech plaudernd lässt sie die Wirklichkeit komisch erscheinen. Theodor Heuss rezensierte den Roman in einer Zeitschrift und schrieb:

„Eine entzückende Laune beherrscht das Buch, dessen Unbefangenheit selbst einen Philister gewinnen müßte, so unphiliströs es auch ist. Stilistisch durchsichtig und bewegt, in der Haltung geistreich und ungemein unterhaltend." (in „März" Jg. 19, H. 14, 1916, S. 239, zitiert nach U. Egbringhoff, S. 129)

Als sie diesen Roman schreibt, verkehrt sie mit dem Rechtsanwalt Mario Respini-Orelli, den sie 1911 kennengelernt hatte. Er drängt auch zur Heirat, mit ausgesprochenem Wohlwollen seiner Familie, aber sie kann sich zunächst nicht entschließen. 1914 zieht sie in die Nähe zu Mario Respini-Orelli.

Als sie 1914 mit Rolf nach München will, weil sie sich einer Operation unterziehen muss, hat sie Einreiseschwierigkeiten, denn ihr Pass weist sie seit der Scheinheirat mit Rechenberg-Linten als russische Staatsbürgerin und daher zu dieser Zeit als feindliche Ausländerin aus.

1914 nimmt sie den Kontakt zu Luwig Klages wieder auf mit der Bitte, ihren Sohn zu einem Bürger der Schweiz zu machen. Neben dem ökonomischen Grund ist es der drohende Kriegsdienst, vor dem sie sich und ihren Sohn bewahren wollte. Klages Gesuch beim Vormundschaftsgericht in München wird jedoch abgelehnt, Rolf wird 1916 eingezogen. Während sie panische Angst hat, ist Rolf zunächst gelassen. Aber seine Erfahrungen an der französischen Front machen ihn zu einem überzeugten Pazifisten und Kriegsgegner. Über seine Desertation bei seinem Urlaub in Deutschland entstanden zahlreiche Anekdoten, und die Zeitungen in aller Welt waren voll von dieser Tat einer Mutter, die so mutig war und ihn unter Lebensgefahr auf abenteuerliche Weise unter den Schüssen gerettet hatte. Nach Rolfs Bericht war es so: Er traf sich mit seiner Mutter an der Schweizer Grenze am Bodensee. Sie konnte nur an der Grenze mit ihrem Sohn sprechen, da sie keine Einreiseerlaubnis nach Deutschland bekam. Sie vereinbarten, dass Rolf am Ufer des Bodensees an einer bestimmten Stelle über die Grenze gehen sollte. Anarchisten gaben Rolf Zivilkleidung und zeigten ihm den Weg über das Wasser, um auf die andere Seite der Grenze zu gelangen. Rolf schaffte es, indem er sich als Verwundeter ausgab, ein Ruderboot zu organisieren und zur Kreuzlinger Badeanstalt zu rudern, die sich auf Schweizer Boden befand.

1917 erscheint eine Sammlung von Erzählungen und Novellen, die u. a. „Das Logierhaus zur schwankenden Weltkugel", „Der feine Dieb" und „Das feindliche Gepäck" beinhaltet. Der Roman „Der Selbstmordverein" bleibt ein Fragment und wurde im Nachlass veröffentlicht.

1918 stirbt Franziska zu Reventlow am 26. Juli in Ascona während einer Operation an den Folgen eines Fahrradunfalls. Sie ist 47 Jahre alt, ihr Sohn Rolf 20 Jahre.

Franziska hat sich als Malerin gefühlt; mit ihren Bildkunstwerken war sie jedoch nie zufrieden. Wir wissen wenig über ihre Bilder, mehr über ihre literarischen Werke. Obwohl das Schreiben für sie lediglich dem Broterwerb galt, das Geschriebene ihr nicht Kunst bedeutete und sie sich nicht „Schriftstellerin" nennen lassen wollte, hat sie doch einige Anerkennung zu Lebzeiten gewonnen, so auch von dem befreundeten Lyriker Rilke. Der Langen Verlag hielt ihr die Treue.

Nachdem eine Gesamtausgabe ihrer Werke erschienen ist, machen sich Experten auf Spurensuche nach ihren Bildern, vielleicht findet sich doch noch etwas im Nachlass ihrer Lehrer oder Malerfreunde.

Betrachtet man das kurze Leben der Franziska zu Reventlow, so ist eine Wende mit der bevorstehenden Geburt ihres Kindes deutlich erkennbar. Sie hat zu einer Reife gefunden, die sich z. B. bei der Reflexion zur Erziehung ihres Kindes zeigt. In den Tagebüchern reflektiert sie selbstkritisch ihre Erziehungsmaßnahmen und Reaktionen dem Kind gegenüber. Immer wieder klagt sie sich an, wenn sie ungeduldig war oder „Launen" hatte. *„Ach, ich bin so unglücklich, wenn ich ungeduldig werde, das Kind ist so weichherzig."* (TB, S. 435)

„Hab mir fest vorgenommen, mein Bübchen nicht mehr beim Lernen zu quälen, sondern [zu] versuchen, ihm damit Spaß zu machen und mich nicht [zu] ärgern, wenn's schlecht geht. Es ist ja nur die Angst, daß man mir den Privatunterricht nehmen könnte, wenn er zu wenig lernt ..." und er dann auf eine staatliche Schule müsste. (TB, S. 432) *„Wie hat man sich zu erziehen, um nicht in die verbreiteten Elternfehler zu verfallen?"* (TB, S. 236)

Sie ist einfallsreich und kreativ darin ihn anzuregen, sie spielt mit ihm fantasievoll im Wald, denkt sich mit ihm Gestalten aus, liest ihm vor und lässt alle Fantasie zu, bastelt mit ihm.

„Er soll nie Mangel an Liebe fühlen, wenn auch dabei mal ein Princip überhüpft wird." (TB, S. 160)

Sie reflektiert über Freiheit und Konsequenz. Eine sensible, von echter tiefer Liebe getragene Beziehung hat sie zu ihrem Kind aufgebaut. Franziska ist gesundheitlich angeschlagen, fühlt sich oft schwach und mag sich nicht vorstellen, dass sie einmal stirbt, ehe er groß ist. Zum 11. Geburtstag geht sie mit ihm zum Armbrustschießen, spielt mit ihm Halma und Schach. Mit elf Jahren schickt sie ihn in eine Reformschule in Schwabing, die sie sorgfältig ausgesucht hat. Hier wurden *„verschiedene Jahrgänge und verschiedene Fächer durcheinander in einem Raum unterrichtet"*, wie Rolf später schreibt. Als er vom Lehrer einmal eine Ohrfeige bekommt, ist Franziska empört und nimmt ihn von der Schule.

Sie mag sich nicht vorstellen, ihn einmal länger nicht zu sehen. Mehrfach schreibt sie im Tagebuch:

„Wenn ich dich einmal nicht mehr hätte, wäre alles vorbei." (TB, S. 145) Sicher ist ihre Rolf-Symbiose Folge ihres tiefen kindlichen Traumas, ihres eigenen Mutter-Geschädigt-Seins. *„Was sie im eigenen Elternhaus nicht fand, das Wolkenreich der Kinder, das hat sie ihrem Sohn bereitet, wie irdisch es auch sonst in ihrem Leben zuging."* (H. Fritz, S. 113)

Bei einer Bewertung ihres Lebens muss man berücksichtigen, dass ein weiteres Reifen der Persönlichkeit durch den

Unfall abgebrochen wurde. Es hätte sich noch manches entwickeln können. Auch als Bildkünstlerin wäre sie vielleicht noch gereift und hätte das Stadium erreicht, in dem sie mit ihren bildnerischen Kunstwerken zufrieden gewesen wäre. Dennoch war dieses Leben so intensiv und in sich geschlossen und hat eine Produktivität hervorgebracht und Werke geschaffen, die meines Erachtens noch gar nicht genug gewürdigt und bekannt gemacht worden sind. Die Frage ist, wieweit immer noch der „moralische Zeigefinger" daran schuld ist.

Das Besondere an Franziska zu Reventlow ist nach meiner Meinung die Reflexion alles Erlebten, die Umsetzung ihres Lebens in ihre dichterischen autobiografischen Werke. Die Ehrlichkeit mit sich, die Konkretheit und Direktheit in der Darstellung sind frappierend wie auch die scharfen Beobachtungen an Menschen, die sie in die Personencharakterisierungen einfließen lässt. Der einmal eingeschlagene, durch die Kindheit verursachte und durch den Ibsen-Club angestoßene Weg ließ sich nicht mehr umkehren. Sie ist ihn mit Mut und Konsequenz gegangen und hat sich nicht unterkriegen lassen, wo andere sich das Leben

Porträt von Franziska zu Reventlow

genommen hätten. Sie hat aus ihrer Kindheit gelernt, dass man mit Kindern auch anders umgehen kann. Sie hat eindrucksvoll gelebt, was sie äußert: Die wirkliche reine Liebe verkörpert sich ihr nur in ihrer Liebe zu ihrem Sohn. Dass der Sohn eine beeindruckende Künstlerpersönlichkeit geworden ist und als Erwachsener auch rückblickend die Mutter verehrt und anerkennt, bestätigt ihr Prinzip der Liebe und Anerkennung in der Erziehung.

Sie hat über die Rolle der Frau kritisch reflektiert und ist den mühsamen, oft schmerzvollen und entbehrungsreichen Weg der Selbstbestimmung gegangen. Sie ist sich und ihrer Überzeugung konsequent treu geblieben und verkörpert – ihrer Zeit voraus – das Beispiel eines neuen weiblichen Selbstbewusstseins.

Eine Charakterisierung durch Erich Mühsam erfasst Franziskas Wesen meines Erachtens sehr gut: *„In die Zukunft gerichtet war ihr Leben, ihr Blick, ihr Denken; sie war ein Mensch, der wußte, was Freiheit bedeutet, ein Mensch ohne Vorurteile, ohne traditionelle Fesseln, ohne Befangenheit vor der Philistrosität der Umwelt. Und sie war ein froher Mensch, dessen Frohsinn aus dem tiefsten Ernst des Charakters kam. Wenn sie lachte, dann lachten der Mund und das ganze Gesicht, daß es eine Freude war hineinzusehen. Aber die Augen, die großen, tiefblauen Augen standen ernst und unbewegt mitten zwischen den lachenden Zügen. Die Gräfin war eine schöne Frau, ihr Äußeres von strahlendem Reiz und das Herz erfüllt von der Schönheit des Lebens und* *von der Schönheit nach einer schönen und freieren Men-schenwelt.*" Dass sie „trotz Krankheit, Schulden, Pech jeder Art" die Fähigkeit behielt, Glück zu genießen, gerade dies will ihm genial erscheinen, und dass sie nicht nur träumte von dem, was Selbstverwirklichung genannt wird, son-dern die Befreiung von Konventionen zur Maxime ihres Handelns machte. Nicht nur das Malen und Schreiben war ihre größte Kunst, sondern „ihr Lebensritt auf ungezügel-ten Gäulen, frei stehend". (so H. Fritz, S. 99).

Sie selbst sagt über ihr Leben im Tagebuch am 26. Januar 1907:

„Ach, ich bin gelaufen, gelaufen, hingefallen, wieder auf-gestanden, umgeworfen, wieder aufgesammelt, bis ich da angekommen bin, wo mein Ziel anfängt. Und dann die Angst und die Zweifel, das Kräfteversagen und die Müdig-keit. Aber immer dahinter das Gefühl, ich muß noch etwas Großes zusammenbringen, das verläßt mich nie." (TB, S. 464 – 465)

Gedichte zum Leben der Franziska zu Reventlow von Therese Chromik

Mit Franziska im Schloss

Durch die Kellergewölbe schleichen
und ein Geheimnis suchen,
den magischen Stein verstecken
und auf dem Dachboden
zwischen Kisten und Truhen
Abgestelltem und Vergessenem
im staubigen Lichtspiel
die Schlossgeister erschrecken.
Dann hinaus in den Garten,
zwischen Ästen und Steinen,
Morschem und Vermodertem
die Flügel finden,
die das Kind ablegen musste.

mit Franziska zu Reventlow

Auf halb verwachsenen Wegen
den Garten durchstreifen
und sich fast verlieren.
Unter tief hängenden Zweigen
der Weide hindurch
Ameisenwelten entdecken und
Vogelnester in flüsternden Ästen.
Endlich die Spinnengeister vertreiben,
die auf dem grünen Wasser im Schlossgraben
dahingleiten wie auf Schlittschuhen.
Und weiter weg unter krummen Holunderbäumen
von verwilderten Schluchten wissen,
in denen haust der Geist,
den wollen wir nicht wecken.

ORDNUNG

die Illusion
dass alles
seine Richtigkeit hat
innen und außen
oben und unten
sortiert gestapelt
ausgerichtet alles
das Große und Kleine.
Ich der Richter
der Dinge
in meiner Einrichtung
innen und außen.

UNORDNUNG, EINE EHRENRETTUNG
oder Elegie über die Ordnung

Willst du nicht mal Ordnung machen?
Alles liegt hier durcheinander!
Mitleidig schaute ich die Dinge an
auf dem Regal, auf dem Fußboden,
dem Fensterbrett, dem Sofa, überall
sollten sie vertrieben werden, hinein in
dunkle Fächer und Schubladen.

Aus den Augen, aus dem Sinn.
Platz!

Gedichte zum Leben der Franziska zu Reventlow von Therese Chromik

Die armen Dinge auf ihrem zugewiesenen Platz,
da müssen sie nun schmoren und hoffen doch
auf neue Unordnung, denn sie wissen,
darin liegt ihre Chance, sie lieben
vielfältige Spannung zueinander,
sie lieben das Leben, sie lieben
die Überraschung.

Geh hinein

Zum Tode von Franziskas Bruder

Sie gingen hinein,
da lag er im Bett wie sonst,
nur blasser und
mit gefalteten Händen,
ihr Bruder und Freund,
sie brachte ihm einen Schmetterling mit,
den hielt sie im Hohlraum ihrer Hände.
„Hier, der ist für dich", sagte sie.
„Dein Bruder ist im Himmel!", sagte die Mutter.
„Aber er ist doch bei uns!", sagte sie
und öffnete ihre Hände und
ließ den Schmetterling fliegen
in ein unbekanntes Blau.

FRANZISKA ZU REVENTLOW
IM SCHLOSS VOR HUSUM
(aus: Das schöne Prinzip, Husum 2006)

Schwerfällig das Schloss
unter hohen hohen Bäumen,
seine Flügel selbst
drücken es zu Boden.

Aber der Blick vom Turm
fliegt über Meer und Heide,
Deiche und Wiesen
und die Dächer der Stadt.

Dunkel der Rittersaal
mit schwarzen Ölbildern –
böser Witwen ernster Blick.
Es spukt aus alten Zeiten.

Unheimlich heulen die Herbststürme
heute aus dem Kamin – verängstigte
Seelen – durch die Ritzen der Mauern
im alten Schloss.

Endlich Frühling und Sommer.
Die Sonne leuchtet das Böse
aus allen Winkeln,
aus jeder Kammer heraus.

Gedichte zum Leben der Franziska zu Reventlow von Therese Chromik

Der Garten erblüht,
Sommer steigt über die Mauer,
das Meer kommt näher,
blau schimmert die Ferne.

Franziskas Rückkehr
(aus: Das schöne Prinzip, Husum 2006)

Das vertraute Haus
das offene Fenster
die wehende Gardine
die Lampe, unter der
die Familie sitzt.
Einen Atemzug lang
glauben,
er ist, ich bin,
wir sind.

Aber die Welt
ist leer und tot
und den sie liebte – und
die Sterne bloß
kleine goldne Mücken.

Du wildes Kind
Franziskas Traum nach des Vaters Tod

Da ich ihn nicht mehr sehen durfte,
kam er zu mir im Traum und sprach:

Du wildes Kind,
jetzt aus dem Rückblick ahne ich:
Die Strenge gegen dich
war eine Strenge gegen mich.

Du wildes Kind,
was in dir war, bekämpfte ich.
Die Spur von Anarchie
verbot ich auch in mir.

Du wildes Kind,
was du einst gern mir hättest anvertraut,
Nebel, Chaos, Schmerz und Glück,
schreib alles auf. Ich komm zurück.

ANGEWURZELT

Traum der Franziska nach dem Tod des Bruders

Meinen Arm schlang ich um den knorrigen kahlen Weidenstumpf,
meinen Kopf lehnte ich an das warme Haupt,
meine Wange drückte ich an das runzlige Gesicht der alten Weide,
die Linien der Trauer zog ich mit dem Finger nach,
drehte mich um mit dem gewundenen Stamm
und dichter ans Holz presste ich mein Ohr
und hörte und glaubte:
wie Warnung pfiff es da durch die Weiden.
Silben streute der Wind aus,
die ich aufsammeln wollte –
schon stürzten die schwarzen Nonnen
aus allen drei Türen des Doms heraus auf den Platz,
wie um jemanden zu retten,
und flogen doch als erschreckte Vögel davon,
denen ich nachsah wie angewurzelt.

BRIEF DER MUTTER

Vor unserm Hause blüht
eine Rose wild und schön.
Ich hab das Fenster weit geöffnet
und suche dich.
Komm heim, mein Kind.

Komm heim, mein Kind,
du brauchst nichts Großes zu vollbringen,
du bist ja groß genug.
Die Welt ist weit,
die Welt ist kalt.

Ich seh' dich laufen, stolpern, fallen
und wieder tapfer aufrecht steh'n.
Du hast gekämpft,
es ist genug.
Komm heim, mein Kind.

Verzeih, mein Kind,
ich war zu eng,
ich war zu streng.
Die wilde Rose schnitt ich so,
dass sie das Blühen ließ.

Vor unserm Haus blüht
eine Rose wild und schön,
das Fenster hab ich weit geöffnet,
ich rufe dich.
Komm heim, mein Kind.

TANZ MIT ACHILL
Traum der Franziska zu Reventlow

Ich tanzte mit Achill im Rittersaal,
mit Achill, dem Schönsten der Helden.
Die Füße kaum am Boden
schwebend auf Luftpolsterwolken.

Ich tanzte mit Achill durch die Säle
in den Schlossgarten hinaus, da
gestanden wir uns
unsre Verletzbarkeit.

Ich tanzte mit Achill durch die Nacht,
er vergaß sein Troja und ich meinen Kampf.
Ich war so klein,
wie konnte ich ihn küssen?

GESCHICHTE ÜBER „DIE BRAUNE FRAU" IM SCHLOSS VOR HUSUM VON THERESE CHROMIK

DIE BRAUNE FRAU

Eines Tages, als sie beim Abendbrot saßen und die Mutter geschimpft hatte, dass sie mit zerzausten Haaren von draußen gekommen war und sich so zu Tische setzen wollte, sagte ihre Mutter: „Sie fürchtet sich vor nichts, daran liegt es!" „Oh", sagte der Vater, „das wollen wir doch mal sehen! – Franziska, du kennst das Bild von der braunen Frau an der Wand im Gang? Schau es dir mal genau an! Sie beobachtet dich. Sie schaut dich genau an; du merkst, sie durchschaut dich. Nichts kannst du vor ihr verbergen!"

Und er lehnte sich zurück und erzählte, wie sein Großvater ihm von einer guten alten Frau erzählt hat, einer Inderin von Geburt mit einem Zeichen auf der Stirn. Sie war im Schloss angestellt. Sie konnte mehr als kochen und für Ordnung sorgen. Sie war Ratgeberin und schlichtweg das Gewissen des Großvaters, als der Großvater noch ein kleiner Junge war. Wenn er etwas Verbotenes tun wollte, war es ihre Stimme, die er in sich hörte: „Wenn du Verbotenes tust, sehe ich es und bleibe deinem Gewissen auf den Fersen", hatte sie gesagt. Er verstand es nicht. Aber als er längst erwachsen war und sich daran hätte gewöhnen müssen, dass man sich schuldig macht, wenn man Verantwortung trägt und für andere entscheiden muss, stellte sich ihre Mahnung wie eine Erleuchtung ein, und er sah sie vor sich, die braune Frau. Auf

Schritt und Tritt ließ sich ihre mahnende Stimme hören, und er ließ sich lenken auf seinem Weg.

Viele Jahre später bezog der Großvater, nachdem er geheiratet hatte, die Wohnung im Schloss. Er saß nachts immer lange an seinem Schreibtisch bei schwacher Funzel, und auch diese Nacht. Dann ging er noch einmal durch die Räume des Schlosses, um zu inspizieren, was man alles noch ausbessern musste. Die Bilder an den Wänden waren verblasst. Was war an der Wand gegenüber dem Kamin zu sehen? Man musste das einmal restaurieren, dachte er gerade, als sich bei längerem Hinsehen eine Gestalt aus dem Wandbild abzeichnete. Eine braune Frau in seidenem Sari mit weißem Schleier. Oder war es eine Täuschung im Zwielicht der Dämmerung?

Er schaute weg und rieb sich die Augen und blickte wieder hin: War es eine Täuschung? Er zündete die Wandleuchter an und wollte noch einmal die Wand prüfend beschauen. Da zeichnete sich die Gestalt genauer ab. Die braune Frau schlug das weiße Tuch aus ihrem Gesicht zur Seite und sah ihn an und sprach mit ihm: „Du musst erforschen, wer ich bin, und du musst alle Geheimnisse des Schlosses erforschen. Dann erst bin ich erlöst, dann erst kannst du mich vergessen." Er war wie benommen. Im Nu war sie wieder verschwunden, nur eine blasse Rose war im Muster der Wand zu sehen, die ihm vorher nicht aufgefallen war. Am nächsten Tag war die Rose verschwunden. Wie oft ihm die braune Frau im Schloss noch erschienen? Er verriet es nicht. Aber er *ließ ein Gemälde anfertigen, das der Erscheinung glich, die braune Frau im Sari mit einer Rose in der Hand. „Und nun hängt das Bild da, wie du weißt, mein Kind, und entwickelt seine Kraft. Aber das Rätsel, wer die braune Frau war und was es Besonderes auf sich hatte mit ihr und dem Schloss, ist bis heute nicht geklärt. Und du weißt, es sind die Unerlösten, die als Geister im Schloss nachts ruhelos umherirren."*

Der Vater blickte zufrieden auf Franziska, denn sie schien beeindruckt von der Geschichte und saß ausnahmsweise ganz still und artig da. Auch die Mutter schaute sie freundlicher als sonst an. Franziska aber schlief schlecht diese Nacht und träumte. Sie wurde wach, aber traute sich nicht, aufzustehen und zu ihrer Schwester zu gehen. Sie musste immer wieder an die braune Frau denken. Aber da hatte sie eine Idee, und mit dieser Idee konnte sie gut einschlafen. Am nächsten Morgen schnitt Franziska eine zarte Rosenblüte im Schlossgarten ab und steckte sie an das Bild der braunen Frau. Franziska trat einen Schritt zurück und betrachtete das Bild mit der Rose. Die braune Frau lächelte mit den Augen, und Franziska wusste: Vor ihr brauchte sie sich nicht zu fürchten. Jedes Mal wenn sie vorbeiging, vergewisserte sich Franziska. Jedes Mal schaute die braune Frau freundlich auf sie. Sie wurde ihre geheime Verbündete und Franziska war stolz darauf. Wenn der Dichter Theodor Storm kam und es ablehnte, im Schloss bei der Familie zu nächtigen, weil es doch Gespenster im Schloss gäbe – vor allem die geheimnisvolle braune Frau triebe ja dort ihr nächtliches Unwesen –, dann fühlte sich Franziska einen Moment stark und überlegen. Aber sie behielt ihr Geheimnis für sich.

Anhang

Bibliografische Hinweise

Werke

Franziska zu Reventlow. Sämtliche Werke in fünf Bänden. Hg. Michael Schardt, Oldenburg 2004, Igel Verlag

Literarische Skizzen Franziska zu Reventlows 1893/94. Hg. Annegret von Hielmcrone. Die Entdeckung der ersten Veröffentlichungen Franziska zu Reventlows in den Husumer Nachrichten. In: Beiträge zur Husumer Stadtgeschichte, Hg. Holger Borzikowsky, Husum 2002, S. 129 – 149

Unveröffentlichte Briefe von Franziska Gräfin zu Reventlow an Anna Petersen und an Ferdinand Tönnies. Hg. Heide Hollmer und Kornelia Küchmeister. Schleswig-Holsteinische Landesbibliothek, Nordelbingen 2008

Romane

Franziska zu Reventlow. Gesammelte Werke in einem Bande. Hg. Else Reventlow. München 1976, Langen Müller Verlag

Ellen Olestjerne. Roman. Novellen. Schriften Selbstzeugnisse. Hg. Else Reventlow mit einem Nachwort von Wolfdietrich Rasch. München 1980, Langen Müller Verlag

Ellen Olestjerne. Roman. Franziska zu Reventlow. München 2002, Edition Monacensia, Allitera Verlag (nach dieser Ausgabe wurde zitiert)

Briefe

Briefe 1890 – 1917. Hg. Else Reventlow. Mit einem Nachwort von Wolfdietrich Rasch. München 1975, Langen Müller Verlag

Tagebücher

Tagebücher 1895 – 1910. Hg. Else Reventlow. München 1971, Langen Müller Verlag

„Wir sehen uns ins Auge, das Leben und ich". F. Gräfin zu Reventlow. Tagebücher 1895 – 1910. Textkritisch neu herausgegeben und kommentiert von Irene Weiser und Jürgen Gutsch, Passau, 2. Aufl. 2007, Verlag Karl Stutz (nach dieser Ausgabe wurde zitiert: TB)

Biografien

Brigitta Kubitschek: Franziska Gräfin zu Reventlow. Leben und Werk. Eine Biografie und Auswahl zentraler Texte von und über Franziska Gräfin zu Reventlow, mit einem Vorwort von Arne Bammé. Hg. A. Bammé u. a., München, Wien, 1998, Profil Verlag (aus dieser Biografie wurde zitiert)

Ulla Egbringhoff: Franziska zu Reventlow, Reinbek 2000, Rowohlt

Gunna Wendt: Franziska zu Reventlow. Die anmutige Rebellin. Berlin 2008, Aufbau Verlag

Erinnerungen *Anna Petersens an Fanny und Katty.* Aus dem Nachlass Petersen, verh. Magnussen. Schleswig-Holsteinische Landesbibliothek Cb 151

Biografischer Roman

Franziska Speer: Die kleinste Fessel drückt mich unerträglich. Das Leben der Franziska zu Reventlow. München 1955, Goldmann

Untersuchungen zu Franziska zu Reventlow und zum zeitgeschichtlichen Kontext

Helmut Bauer u. Elisabeth Tworek: Schwabing. Kunst und Leben um 1900. Essays. München 1998

Uwe Carstens: Ferdinand Tönnies. Friede und Weltbürger. Eine Biografie. Norderstedt 2005

Reinhard Faber: Franziska zu Reventlow und die Schwabinger Gegenkultur. Europäische Kulturstudien Bd. 3, Köln, Weimar, Wien 1993, Verlag Böhlau

Helmut Fritz: Die erotische Rebellin. Das Leben der Gräfin zu Reventlow. Frankfurt a. M. 1980, Fischer

Annegret v. Hielmcrone: Literarische Skizzen Franziska zu Reventlows, 1893/94. Die Entdeckung der ersten Veröffentlichungen Franziska zu Reventlows in den Husumer Nachrichten, 8 (2002), S. 129 – 149

Karl Ernst Laage: „Geh nicht hinein." Der Tod des jungen Grafen Reventlow bei Theodor Storm und Franziska zu Reventlow. In: Karl Ernst Laage: Theodor Storm, Studien zu seinem Werk, Berlin 1985, Berlin 2. Aufl. 1988, S. 74 – 80

Karl Ernst Laage: Theodor Storm und das Schloss vor Husum. Sonderdruck Nordelbingen, Bd. 75, Heide 2006

Ursula Püschel: Jugendstil-Erotik. Franziska Gräfin zu Reventlow. In: Ursula Püschel: Mit allen Sinnen. Frauen in der Literatur. Essays. Halle 1980, S. 89 – 116

Hans-Christian Pust: Vaterländische Erziehung für Höhere Mädchen. Soziale Herkunft und politische Erziehung von Schülerinnen an höheren Mädchenschulen in Schleswig-Holstein 1864 – 1918. Osnabrück 2004, Der andere Verlag

Walter Schmitz: Die Münchener Moderne. Die literarische Szene in der „Kunststadt" um die Jahrhundertwende. Stuttgart 1990

Monika Simmel: Erziehung zum Weibe. Mädchenbildung im 19. Jahrhundert. Frankfurt, New York 1980, Campus Paperbacks: Pädagogik

Bibliografien

Brigitta Kubitschek: Franziska zu Reventlow 1871 – 1918. Ein Frauenleben im Umbruch – Studien zu einer Biografie. Prien/Chiemsee 1994, S. 573 – 614

Johannes Szekely: Franziska Gräfin zu Reventlow. Leben und Werk. Mit einer Franziska-Gräfin-zu-Reventlow-Bibliografie. Bonn 1979, Bouvier, S. 259 – 320

DANKSAGUNG

Mein Dank geht an Frau Karin Schimmelpfennig für die Erlaubnis, aus den unveröffentlichten Tagebuchnotizen der Anna Magnussen-Petersen zu zitieren, und an Frau Küchmeistet für die freundliche Unterstützung bei der Quellensuche.

Ich danke Herrn Werner Stiebeling und Herrn Dr. Bodo Heimann für Korrekturhilfe und Anregungen.

BILDNACHWEIS

Holger Borzikowsky, Husum: S. 5

Monacensia. Literaturarchiv und Bibliothek München. Nachlass Franziska zu Reventlow: S. 33, 34, 35, 37, 38, 39, 43

Schiller-Nationalmuseum, Dt. Literaturarchiv, Marbach a. N.: S. 13, 21, 22, 28, 30, 31, 40 unten, 42

Schleswig-Holsteinische Landesbibliothek, Kiel: Titelbild, S. 11, 49

Theodor-Storm-Gesellschaft, Husum: S. 6, 8, 10, 12, 16, 17, 23

Ullstein Bilderdienst, Berlin: S. 40 oben

Da ich ein Kind war

Erzählungen, Bergstadtverlag W. G. Korn,
12,90 Euro. ISBN 3-87057-303-4

*Die Geschichten sind Skizzen, die jeweils
ein „Fenster" öffnen und in das „Haus der
Kindheit" blicken lassen. Alle „Fensterbilder"
zusammen spiegeln die Entwicklung eines
Kindes, dessen Denken und Fühlen sich dem Leser erschließt.
Die Autorin fokussiert mit psychologischer Sensibilität
jeweils eine Begebenheit, in der das Kind eine Erfahrung
macht, die zu denken gibt. Die Einzelbilder spannen den
Bogen von den Erlebnissen als Flüchtlingskind mit den
Eltern in der Lüneburger Heide bis zu den ersten Jahren im
Gymnasium.*

Das schöne Prinzip

Gedichte, Husum-Verlag, 6,00 Euro.
ISBN 3-89876-273-4

*Schönheit, aber zugleich die Erkenntnis dessen,
was dem schönen Anschein widerspricht, das
ist die mit Intensität und Präzision gestaltete
Spannung, die an Therese Chromiks Gedich-
ten fasziniert. Die Gedichte erscheinen auf den ersten Blick
als verständlich, bei näherem Hinsehen gewinnen sie mehr-*

fach einleuchtende Bedeutungen und Anspielungen, die den Leser zu kreativem Weiterdenken einladen. „Das schöne Prinzip" wird in dem gleichnamigen Gedicht als allgemeines Weltprinzip verstanden und als „Illusion" erkannt. Dass dieses Gedicht dem neuen Gedichtband insgesamt den Titel gibt, hat seinen guten Sinn. „Das schöne Prinzip ist sowohl ein ontologisches als auch ein poetologisches Prinzip. Schönheit mit Tiefgang, Sinnlichkeit und Verstand, so wünscht man sich die neue deutsche Lyrik." (Bodo Heimann)

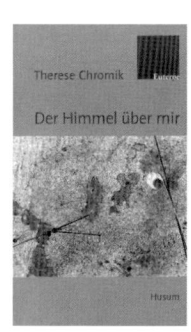

Der Himmel über mir

Gedichte, Husum-Verlag, 6,00 Euro.
ISBN 3-89876-097-9

Mit dem Titel spielt die Autorin an auf das, was Kant mit Bewunderung erfüllt: „Der gestirnte Himmel über mir und das moralische Gesetz in mir." Bewunderung für die kosmische Ordnung und das Leben der Natur vermitteln auch die Gedichte dieses neuen Lyrikbandes von Therese Chromik. „Vielfältige Einblicke und symbolische Gestaltungen der Natur um uns und in uns gewinnen Gestalt im künstlerischen Augenblick und lassen in diesem Sinne auch alte Götter und Göttinnen erscheinen, und zwar durchaus mit heutigem Bewusstsein gestaltet, oft mit heiter-ironischer Anmut und immer mit poetischer Präzision und reizvoller Mehrsinnigkeit, die den Leser zu eigenem Weiterdenken provoziert." (Bodo Heimann)

Wir Planetenkinder

Gedichte, Bergstadtverlag W. G. Korn,
10,00 Euro. ISBN 3-87057-237-X

*Weit gespannt sind die Motive des neuen
Gedichtbandes. Von der Schönheit eines
Spinnennetzes über den Abendgesang der
Hesperiden und den Treffpunkt Krakau bis
zum Blick vom Empire State Building erzeugt jedes Gedicht
überraschende Augenblicke und Einsichten mit bemerkens-
werter Präzision. „Lakonische Feststellungen wechseln mit
anspielungsreichem Hintersinn und im Kontrast liegt der
Reiz." (Sabine Tholund)*

Kores Gesang

Gedichte, Bergstadtverlag W. G. Korn,
10,00 Euro. ISBN 3-87057-221-3

*Als Tochter der Fruchtbarkeitsgöttin Deme-
ter trägt Persephone den Namen „Kore". Die
Vielfalt der Motive, der Wechsel der Töne
und eine entschieden weibliche Schreibweise
charakterisieren die Poesie dieser Texte. „Die Treffsicher-
heit des Ausdrucks ist hier verbunden mit der Symbolik des
Klanges." „Wer diese Form moderner Lyrik liebt, wird die
Gedichte von Therese Chromik immer wieder gern zur Hand
nehmen." (Prof. Dr. Erich Trunz)*